CATALOGUE

DES

OBJETS DE VITRINE

BOITES, MINIATURES, BIJOUX, MONTRES

DES XVIIe ET XVIIIe SIÈCLES

ANCIENNES PORCELAINES DE SÈVRES

Objets divers

ORFÉVRERIE FRANÇAISE ET ÉTRANGÈRE

DU TEMPS DE LOUIS XIV, LOUIS XV ET LOUIS XVI

Provenant de la Collection de Mme X^{...}

ET DONT LA VENTE AURA LIEU

HOTEL DROUOT, SALLE N° 3

Le Samedi 14 Mai 1892

A DEUX HEURES

Me PAUL CHEVALLIER	M. CHARLES MANNHEIM
COMMISSAIRE-PRISEUR	EXPERT
10, rue de la Grange-Batelière, 10	7, rue Saint-Georges, 7

EXPOSITION PUBLIQUE

Le Vendredi 13 Mai 1892, de une heure et demie à cinq heures et demie

CONDITIONS DE LA VENTE

Elle sera faite *expressément* au comptant.

Les acquéreurs payeront en sus des enchères *cinq pour cent*.

L'exposition mettant le public à même de se rendre compte de l'état et de la nature des objets, il ne sera admis aucune réclamation une fois l'adjudication prononcée.

Paris. — Imprimerie de l'Art, E. Ménard et Cⁱᵉ, 41, rue de la Victoire.

DÉSIGNATION DES OBJETS

OBJETS DE VITRINE

1 — Drageoir de forme sphérique en écaille posée et piquée d'or, du temps de la Régence, à quadrillés et rinceaux ; bec et charnière en or ; le revers du couvercle est orné d'un petit médaillon ovale en émail peint par Petitot : portrait de personnage de l'époque Louis XIV, portant le cordon de l'ordre du Saint-Esprit. Vente Hamilton.

7000
H. de Noet

2 — Miniature ovale sur ivoire : Portrait du peintre Roslin, par Hall. Elle est montée dans un bracelet moderne en or émaillé bleu.

1600
Goldschmidt (Laffitte)

3 — Miniature ovale sur ivoire, attribuée à Hall : Portrait d'un officier du temps de Louis XVI, en uniforme à revers rouges, cheveux poudrés ; cadr en cuivre. On lit au dos : L'abbé de Saint-Phar, bâtard du duc d'Orléans.

470

4 — Tabatière ovale en écaille, montée or : le couvercle présente une miniature sur vélin, par DE LIOUX DE SAVIGNAC : fête sur le Tibre ; de nombreux personnages disséminés sur la rive, dans des barques et sur une terrasse, assistent à une joute à la lance : au fond, on aperçoit le pont et le château Saint-Ange. Signée.

990
Mannheim

5 — Grosse montre à savonnette en or émaillé, du temps de Louis XIV, ornée sur toutes ses faces, intérieures et extérieures, de sujets relatifs à l'histoire d'Alexandre et de Roxane ; sur le cadran, un amour dans

4650
Olivier

un paysage ; le mouvement est signé : G. GAMOT, A PARIS. Boitier extérieur en verre monté or. Écrin en chagrin. Clef en cuivre. Vente de San Donato.

705
Stettiner

6 — Petit bijou-pendentif du XVIᵉ siècle, en or partiellement émaillé et petites perles fines, formé d'un amour, les ailes déployées, tenant une couronne.

700
Falkenberg

7 — Boite ronde en vernis Martin, galonnée d'or, du temps de Louis XV ; le couvercle présente le sujet de Médée s'enfuyant sur un char attelé de dragons, après avoir égorgé ses enfants, dont Jason veut venger la mort ; le pourtour est décoré de torches, d'un poignard ensanglanté et d'une coupe renversée au milieu de nuages de fumée ; le dessous offre une allégorie du meurtre, figurée par un petit génie tenant une torche et un poignard, trainé par des dragons au milieu des flammes et des ruines, et poursuivi par un autre petit génie.

900
Ducrey

8 — Boite rectangulaire à deux compartiments en jaspe vert sanguin, du temps de Louis XVI ; monture à cage en or ciselé et gravé à fleurettes, portant la signature : VITET, A PARIS ; le couvercle est divisé en deux parties comme l'intérieur de la boite.

1500
Stettiner

9 — Bonbonnière de forme oblongue en ancienne porcelaine blanche de Saxe gaufrée à vannerie ; le revers du couvercle offre un charmant groupe polychrome de trois personnages de la comédie italienne, dans un encadrement doré ; l'intérieur de la boite est doré ; monture en or à charnière avec bec exécuté en diamants et rubis.

1420
S. Lion

10 — Bonbonnière de forme contournée, du temps de Louis XV, en or ciselé et gravé, à motifs rocaille et oiseaux : le couvercle, en jaspe vert sanguin, présente des roseaux en relief, au milieu desquels jouent deux chiens, exécutés en diamants et or rapportés : des guirlandes de diamants sertis en argent décorent le bec de la boite.

1230
Goldschmidt
(Laffitte)

11 — Châtelaine en or ciselé, du XVIIIᵉ siècle, travail anglais, à décor de sujets galants et motifs rocaille ; elle est accompagnée de deux cachets en sardoine et cristal de roche, montés or, argent et argent doré, et d'une montre du temps de Louis XVI de Delaruelle, à Paris, à boitier de sardoine, monté or et jargons avec poussoir formé d'un diamant.

12 — Étui-nécessaire de forme contournée, du temps de Louis XV, en or
ciselé présentant les figures de Neptune et d'Amphitrite, des amours,
des fleurs et des coquilles au milieu de motifs rocaille ; une des faces
contient une montre ; le poussoir est formé d'un brillant ; il contient
tous ses accessoires, ciseaux, etc., et une bélière permet de le sus-
pendre.

13 — Très petite boîte à mouches, du temps de Louis XV, formée d'une
tête de femme à demi masquée par un loup, en ancienne porcelaine
de Chelsea, et dont les yeux sont simulés chacun par une rose sertie
argent ; le couvercle, ouvrant à charnière, est composé d'une plaque
ovale d'agate orientale herborisée avec glace à l'intérieur, et on lit sur
la gorge, en lettres d'or, sur fond émaillé blanc : *leurs atteint est
mortelle.*

14 — Petite cassolette du temps de Louis XV, affectant la forme d'un œuf,
en jaspe vert sanguin, contenu dans une monture en or, composée de
palmettes et de fleurettes, découpées à jour et gravées ; elle s'ouvre
en deux parties, reliées par une chaînette, et porte l'inscription : *Gage
de mon amitié,* écrite en lettres d'or, sur fond émaillé blanc.

15 — Tabatière oblongue en or, du temps de Louis XVI, décorée sur
toutes ses faces d'un semé de points sur fond gravé de raies parallèles
avec bordures formées de cordons de pois émaillés à l'imitation de
l'opale, et interrompus par des fleurettes émaillées vert.

16 — Étui porte-tablettes de forme plate, du temps de Louis XVI, en
ivoire galonné d'or ; il porte les mots : *Souvenir d'amitié,* en or,
découpé à jour, et offre sur chacune de ses faces un médaillon peint
en grisaille, présentant une femme assise, et encadré de guirlandes
de fleurs en or ajouré et gravé ; il contient un crayon et des tablettes
en ivoire.

17 — Petit carnet simulant un livre, formé de deux plaques de jaspe vert,
comprises dans une monture en or, ornée de rinceaux émaillés en
relief ; il s'ouvre en deux parties, dont chacune contient un médaillon
destiné à recevoir un portrait et recouvert par une plaque en or mobile à coulisse ; il est accompagné d'un crayon en or gravé.

680
gautier

18 — Plaque ovale en argent gravé et doré. Elle présente sur une de ses faces les bustes du Roi Jacques d'Angleterre, de la Reine et du prince de Galles. Sur l'autre, les armoiries des mêmes personnages entourées de l'inscription suivante : POTENTISS. JACOBVS. D. G. MAG. BRITT. ET. HIB. REX. ET SERENISS. ANNA. D. G. MAG. BRITT. REGINA. VNA, CVM ILL. P. CAROLI. M. BRIT. PRINCIPIS. Travail très fin. XVIIe siècle.

Haut., 61 millim.; larg., 50 millim.

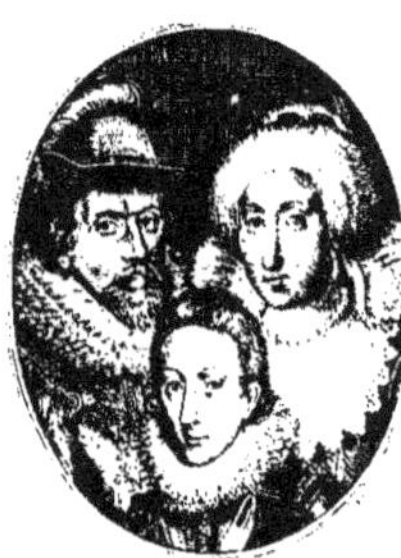
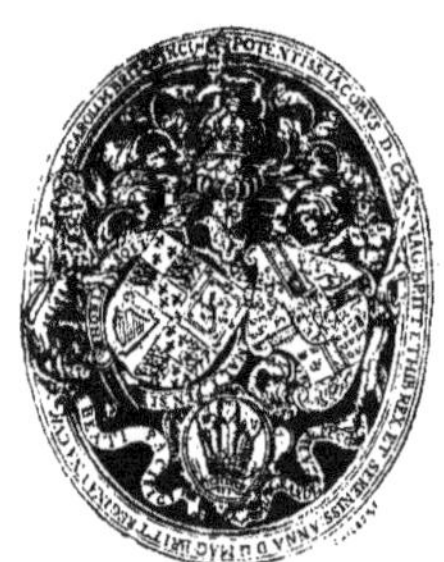

N° 18.

150
Levy (Berlin)

19 — Plaquette rectangulaire en bronze doré. Louis XIII jeune, debout et couronné, la tête de profil à gauche, est vêtu du manteau fleurdelisé et porte le collier de l'ordre du Saint-Esprit. Il tient le sceptre de la main droite. Bas-relief du temps, avec attache ornée à sa partie supérieure.

Haut., 150 millim.; larg., 90 millim.

800
goldschmidt
(Laffitte)

20 — Petit cadre-pendentif ovale formé d'entrelacs et de rubans, exécutés en roses et émeraudes, et destiné à recevoir un portrait. Époque Louis XVI. moderne (H. St.)

130

21 — Éventail du temps de Louis XV, à monture d'ivoire ajouré, peint et partiellement doré à sujets pastoraux; feuille peinte présentant Vénus et deux amours sur fond simulant de la dentelle.

22 — Petit étui-nécessaire en cuir doré aux fers, semé de fleurs de lis ;
il contient plusieurs ustensiles : ciseaux, couteaux, etc., en argent.
XVIᵉ siècle.

175

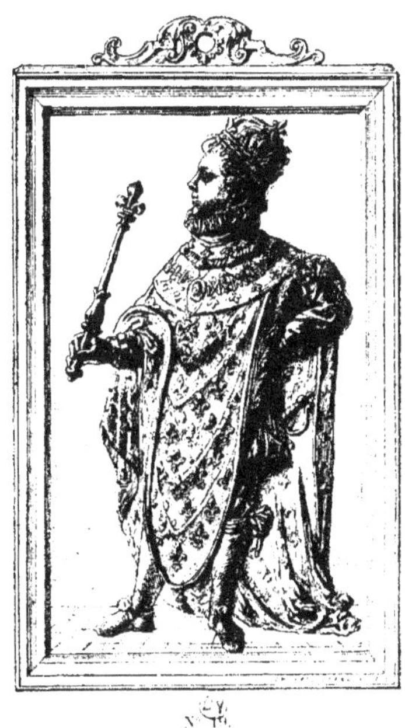

23 — Étui à ciseaux en fer gravé du XVIIᵉ siècle : cœurs enflammés surmontés d'une couronne, légendes galantes et rinceaux fleuris.

57

24 — Boucle de ceinture en fer gravé. Décor de tritons et naïades, mascarons et rinceaux. XVIIᵉ siècle.

195

Gautier

25 — Cachet à trois faces mobile sur pivot, en fer ajouré, gravé et incrusté d'argent du xviii° siècle ; il présente un écusson armorié, un monogramme et un amour.

26 — Deux cachets en argent, écussons de duc et marquis. xviii° siècle.

27 — Cachet en cuivre gravé et doré, écusson de comte. xviii° siècle.

28 — Cachet formé d'une intaille en sardoine, présentant un écusson armorié et monté or.

29 — Cachet à trois faces formé d'une topaze gravée, à monture en or, composée de deux chimères adossées.

30 — Bague-cachet en argent gravé, écusson de comte. xviii° siècle.

31 — Petit lapin en jade gris. Chine.

32 — Montre en argent gravé en forme de livre. Sur les plats, écusson armorié de *Ioan. Hugo. D. G. Arc. Trev. Pr. el. ep. sp.* Au revers, le Christ crucifié, la Vierge et l'Enfant Jésus ; l'intérieur du livre contient le cadran et le mouvement, signés. Travail allemand, xviii° siècle.

33 — Drageoir de forme contournée en argent gravé du temps de la Régence, à décor de quadrillés et paysages ; le couvercle contient une montre dont le mouvement est signé : *Hurt London*.

PORCELAINES, FAIENCES

34 — Joli encrier de forme contournée dont le pourtour, en ancienne porcelaine de Sèvres, pâte tendre, est décoré de fleurettes sur fond blanc placées entre deux bandes pointillées de bleu sur lesquelles se détachent des festons de roses et de fleurs diverses. Sur le dessus, feuillages de laurier contournant les diverses ouvertures.

Monture en bronze ciselé et doré, avec poignée formant bougeoir et à trois pieds à volutes et à feuilles.

Pièce très élégante et rare du temps de Louis XV.

Haut., 76 millim.; larg., 165 millim.

35 — Petit vase-tulipe, en ancienne porcelaine tendre de Sèvres; il est
décoré de deux réserves en camaïeu bleu contenant l'une, un enfant
nu jouant avec une cage, l'autre, un enfant laissant échapper un
oiseau, et se détachant sur fond bleu de Vincennes; guirlandes, ha-
chures et filets dorés. Lettre E. 1757

Haut., 11 cent.; larg., 6 cent.

36 — Statuette, en ancienne porcelaine de Sèvres, d'enfant debout, vêtu
d'une culotte et d'une chemisette, jambes nues et jouant du tambourin;
décor au naturel rehaussé de dorure. Lettre U. 1772.

37 — Petit vase sphérique surbaissé, en ancienne faïence de Perse, à
décor de feuillages émaillés noir irisé sur fond bleu.

OBJETS VARIÉS

38 — Salière à six pans, en émail peint en grisaille rehaussée de couleur
et de dorure. Limoges, XVIᵉ siècle. Les récipients présentent : l'un,
un buste de femme, l'autre, un buste d'homme : le pourtour offre une
suite de scènes expliquées par des légendes ou des rébus.

39 — Portrait de Benvenuto Cellini. Peinture à l'huile sur porphyre rouge
oriental. Tête de trois quarts à droite, costume noir et collerette blanche rabattue. Dans un cadre à moulures en bois noir décoré d'ara-
besques d'or.

Collection Eugène Piot.

Diamètre du cadre. 119 millim.

40 — Terre cuite. Médaillon ovale offrant, en bas-relief, une nymphe
debout faisant danser un enfant placé sur son pied droit. Œuvre de
Roland, portant l'initiale R.

Dans un cadre en bronze doré surmonté d'un nœud de ruban.

Hauteur du bas-relief. 105 millim.; larg., 84 millim

41 — La Vertu terrassant le Vice. Groupe en bronze d'après Jean de
Bologne, XVIIᵉ siècle.

Réduction du groupe en marbre du Musée national de Florence.

Haut., 27 cent ; larg., 13 cent.

42 — Deux bas-reliefs en marbre blanc ; l'un par *Pajou*, offrant une nymphe debout tenant des couronnes de fleurs, signé et daté 1786, au revers ; l'autre, représentant Diogène debout, sa lanterne à la main ; au dos, on lit : *inventé et commencé par M. Saly, sculpteur ordin. du roi et ancien profess. de son acad. de peint. et sculp. 1746. Fini par Pajou sculpteur ordinaire du roi et profess. de son acad. de peint. et sculpt. en 1779.* XVIIIe siècle.

Haut., 60 cent.; larg., 28 cent.

43 — Petite pendule du XVIIIe siècle en bronze doré ; le mouvement, signé *A. Lehner in München*, est surmonté d'un trophée d'étendards et porté par deux lions reposant sur une base contournée.

ORFÈVRERIE FRANÇAISE

4800
Boin

44 — Superbe aiguière en argent ciselé et gravé du temps de la Régence, à panse octogone couverte de trois zones d'ornements gravés. Culot sphérique couvert de roseaux en fleurs, de gaines et de lambrequins sur fond amati, anse pleine et contournée surmontée d'une tête de femme en ronde bosse. Bec supporté par une tête de femme coiffée de plumes.

Couvercle couvert d'ornements gravés et bordé d'oves.

Le tout a été exécuté sur des dessins de Bérain.

Haut., 240 millim.

3060
Duseigneur

45 — Aiguière ornée à la partie intérieure de la panse de très fins ornements, genre Bérain, gravés sur amati. Couvercle bordé de godrons ; tête sous le biberon avec plumes, collerette et glands. Anse très élégante commençant par une tête de femme et agrémentée d'ornements champlevés. Pied godronné.

Cette pièce est accompagnée de sa cuvette avec de très jolis contours, bords à godrons et intérieur gravé dans le même style que l'aiguière.

Ces deux pièces ont été exécutées sous le fermier *Cordier* en 1725, par l'orfèvre *Robert Mignart*, dont le différent était une étoile.

Poinçon de décharge : un soleil.

Collections Paul Eudel et L. de M.

Hauteur de l'aiguière, 235 millim.
Largeur de la cuvette, 345 millim.

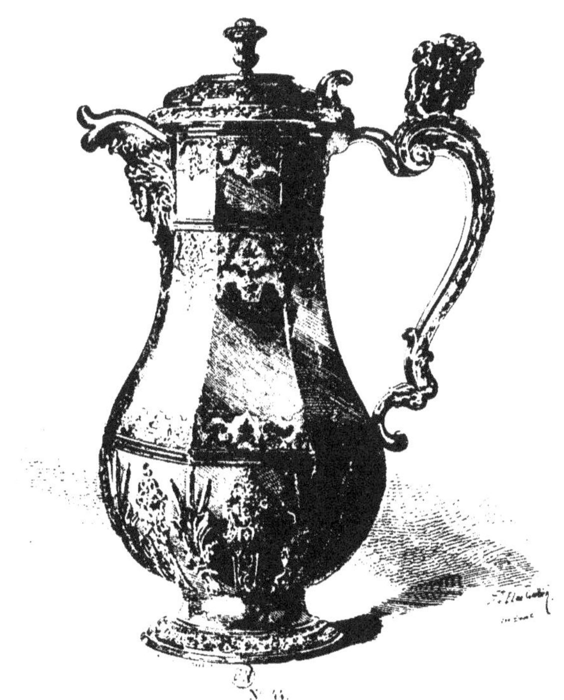

N° 13.

46 — Grande et belle cafetière ou chocolatière du temps de Louis **XV**, en
argent repoussé à côtes en spirale, reposant sur trois pieds à volutes
ornés de roseaux ciselés et rattachés à la panse à l'aide d'agrafes à
coquilles. Le bec est formé d'un dauphin entouré de roseaux, le tout
ciselé et le contour ainsi que la charnière du couvercle est orné de
coquillages finement ciselés. Le manche est en bois.

Haut., 320 millim.

47 — Belle paire de flambeaux en argent, du temps de Louis XV, exécutés sous Julien Berthe (1750 à 1756). Base à oves et moulures reliées
par des agrafes ornées ; tige octogone dont quatre des pans sont
ciselés à ornements, chapiteau à feuilles et douille rappelant le décor
du pied.

Haut., 240 millim.

48 — Beau sucrier en argent, en forme de vase, reposant sur quatre
pieds à volutes et à deux anses branchages enlacés. Il est couvert
ainsi que le couvercle d'ornements rocaille, ainsi que de festons de
fleurs exécutés au repoussé et ciselés. Le couvercle est surmonté d'un
fruit.

Travail français du temps de Louis XV.

Haut., 160 millim.

49 — Huilier de forme ovale, à châssis, à pourtour profilé et à deux
anses surélevées en argent. Il offre sur le bandeau vertical du pourtour des sujets de chasse et des scènes familières de style oriental
reliés par des quadrillages et des médaillons ronds renfermant des
bustes d'hommes et de femmes de profil ; le tout finement ciselé en
relief. Les quatre pieds à volutes sont ornés chacun d'une tête de
satyre. Le bord supérieur ainsi que le châssis sont bordés d'oves et,
entre les quatre ouvertures, la plaque d'argent porte gravé en relief
un oiseau sous un dais.

Il est accompagné de deux burettes en verre taillé avec bouchons
en argent bordés d'oves.

Travail français du temps de la Régence.

Haut., 90 millim.; long . 250 millim ; larg . 140 millim.

50 — Huilier de forme ovale, à châssis, à pourtour profilé et à deux
anses ou poignées surélevées, en argent. Il offre, dans la partie supérieure du pourtour, une frise ornée, composée de rinceaux, de cor-
beilles de fleurs et de mascarons en relief sur fond sablé. Les quatre

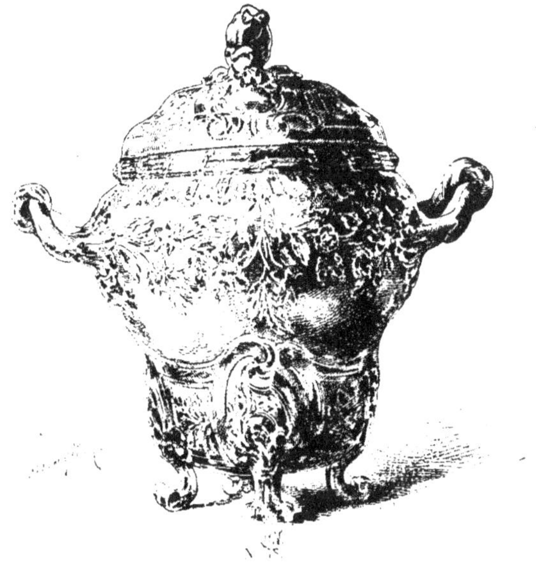

pieds sont formés chacun d'un mascaron de femme se terminant en
volute. Le bord supérieur est godronné et le dessus, à ouvertures
disposées pour recevoir les flacons et les bouchons, présente à son
centre un motif d'ornements gravé.

Travail français du temps de la Régence.

Collection L. de M. mai 1890.

Haut. 85 millim.; long. 175 et demi; larg. 115 millim.

51 — Huilier ovale, à châssis. Beaux mascarons aux extrémités et sur les
côtés; les quatre pieds formés de cariatides de femmes en ronde bosse
et en enroulement. Ornements champlevés sur la panse.
Fait sous Étienne Balagny, en 1708, par Grégoire Masse.
Collection Paul Eudel.

Haut., 80 millim.; long., 215 millim.; larg., 150 millim.

52 — Huilier en argent du temps de Louis XV, modèle bateau à bords
relevés et godronnés et décoré à l'intérieur de branches de vigne et
de fleurs gravées. Les porte-burettes sont ornés au pourtour d'ar-
bustes découpés. Il est accompagné de deux bouchons composés
d'ornements rocaille.

Long., 270 millim.

53 — Jolie boite à épices de forme ovale à trois compartiments en argent.
Le pourtour, ciselé à quadrillages et rosaces, présente à ses extrémités
deux petits mascarons saillants; le couvercle, ouvrant à charnière et
en deux parties, est bordé d'oves et est couvert de rinceaux gravés.
Au centre du couvercle et dans un compartiment réservé est placée
une râpe terminée à sa partie supérieure par une médaille à l'effigie
de Louis XIV.

Haut., 45 millim.; larg., 115 millim.

54 — Petite boite ronde à poudre en argent, couverte d'ornements finement gravés. Travail français du temps de la Régence.

Haut., 66 millim.; diam., 76 millim.

55 — Deux petites boites rondes à couvercles en argent, bordées de godrons. Époque de la Régence.

Haut., 35 millim.; diam., 62 millim.

56 — Deux boites à poudre, du temps de la Régence, en argent, bordées
de godrons et décorées au pourtour et sur le couvercle d'ornements et
d'oiseaux gravés sur fond amati. Ces pièces portaient sur le couvercle
des armoiries qui ont disparu.

Haut., 76 millim.; diam., 128 millim.

57 — Boîte à épices à quatre compartiments, pans coupés, décorée d'ornements gravés, quatre mascarons d'un beau caractère sur la panse.
Faite sous *Julien Alaterre en 1771*. Différent : un oiseau.
Collection Paul Eudel.

Long , 155 millim.

58 — Gobelet du temps de la Régence en argent, décoré au pourtour supérieur d'ornements gravés et offrant au culot des palmes ornées

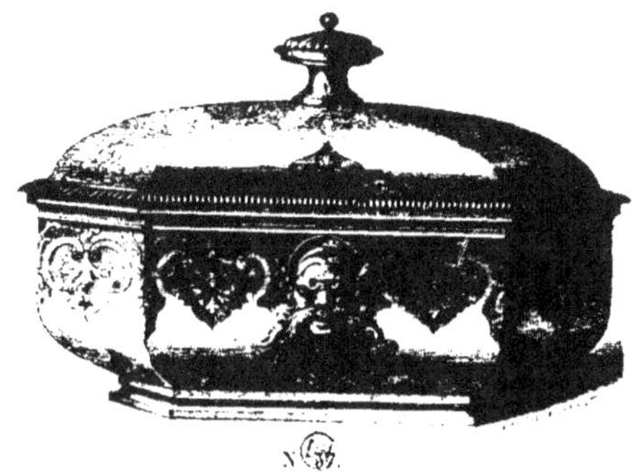

et des ornements surmontés de mascarons se détachant en relief sur un fond amati. Le pied est décoré d'oves.

Haut.. 110 millim.; diam.. 85 millim.

59 — Gobelet analogue à celui qui précède, mais plus riche.

Haut.. 120 millim.; diam . 95 millim.

60 — Petit gobelet du temps de la Régence en argent gravé, au bord supérieur et au culot, d'ornements variés sur fond amati. Pied à godrons.

Haut., 90 millim.; diam., 85 millim.

61 — Joli bougeoir à deux lumières, du temps de Louis XVI, en argent, à base contournée, ciselée à feuilles; écusson entouré de branches de

laurier et balustre orné ainsi que les douilles d'ornements superposés se répétant sur la base. L'écran est encadré d'argent.

Hauteur totale, 480 millim.
Hauteur des flambeaux, 170 millim,

62 — Joli bougeoir du temps de la Régence, de forme circulaire, en argent décoré d'ornements gravés sur fond amati et bordé d'oves ciselées. Le manche plat, décoré d'ornements en relief, se termine par un mascaron tête de femme.

Long., 220 millim.; diam., 166 millim.

63 — Grande cafetière du temps de l'Empire en argent, reposant sur trois pieds et à manche en bois.

Haut., 300 millim.

ORFÈVRERIE ÉTRANGÈRE

64 — Beau plateau sur piédouche en vermeil : bords contournés à oves et agrafes rapportées à ornements rocaille et fleurs. Au centre, sujet délicatement gravé, représentant allégoriquement le mariage de Louis, dauphin de France, fils de Louis XV, avec Marie-Joséphe de Saxe, en 1747, motif entouré d'amours et de rinceaux. Sous le pied on lit : Fait par *Guill^{me} Michel Ranner, à Augsbourg.*

Cette pièce d'orfèvrerie fut commandée à Ranner, à l'occasion du mariage du père de Louis XVI.

Haut., 80 millim.; long., 310 millim ; larg., 260 millim.

65 — Écritoire ayant, dit-on, appartenu à Monsieur l'Évêque de Tarbes. Elle se compose d'un plateau à contours supporté par quatre lions couchés, de trois godets dont l'un sert de support à une sonnette dont le manche est formé d'un dauphin, et d'un bougeoir à deux branches porte-lumière, le tout en argent.

Le plateau est décoré au pourtour d'ornements gravés et porte les armoiries de l'Évêque : il est frappé de quatre poinçons, l'un d'eux aux armes de Bavière, un autre offrant la date de 1733 au-dessous d'un aigle à deux têtes ; les deux derniers portent les initiales G. L. et P. X.

Largeur du plateau, 325 millim.

66 — Soupière de forme oblongue, en argent repoussé et ciselé ; sur le pourtour et sur le couvercle, feuilles, guirlandes et ornements cou-

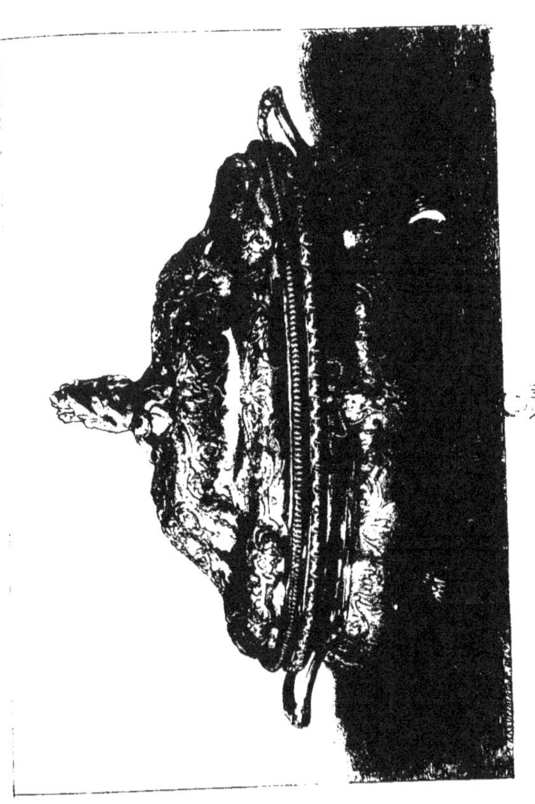

rant, brunis sur fond sablé ; sur chacun des grands côtés de la soupière, une tête de chèvre en relief ; couvercle surmonté d'un fruit
entouré de ses feuilles, anses formées de branchages, bordures d'oves
et de godrons. Travail italien du xviii° siècle.

Haut., 220 millim.; larg., 370 millim

67 — **Cuillère ayant appartenu à Rubens** dont elle porte les armoiries
gravées. Elle est en argent ; son manche, cambré et creux, présente, à
la hauteur du cuilleron, une tranche en losange sur laquelle sont
gravées les armoiries précitées.
Pièce des plus intéressantes.

Long., 15 cent.

68 — **Deux cuillères en argent** dont les cuillerons sont gravés à fleurs et
dont les manches se terminent par des cariatides de femmes. Alle-
magne. xviii° siècle.

Long.. 165 millim.

69 — **Deux cuillères** analogues à celles qui précèdent. Les manches de
celles-ci se terminent par des bustes d'anges ailés.

Long. 160 millim.

70 — **Paire de mouchettes en argent** avec plateau à contours dont les
bords sont repoussés à feuilles et coquilles. Travail hollandais.
xviii° siècle.

Longueur du plateau, 235 millim

71 — **Deux petits flambeaux sur bases à pans** en argent doré, gravé à
ornements rocaille. Travail hollandais du xviii° siècle.

Haut., 155 millim.

72 — **Deux jolis flacons à thé** en forme de vase en argent repoussé et
ciselé à couronnes et festons de fleurs. Chacun des bouchons est surmonté d'un oiseau en ronde bosse. Travail anglais du xviii° siècle.

Haut., 150 millim.

73 — **Sucrier couvert en argent repoussé à côtes en spirale et bouton du couvercle formé d'ornements rocaille. Travail hollandais ?) XVIII° siècle.**

Haut., 150 millim

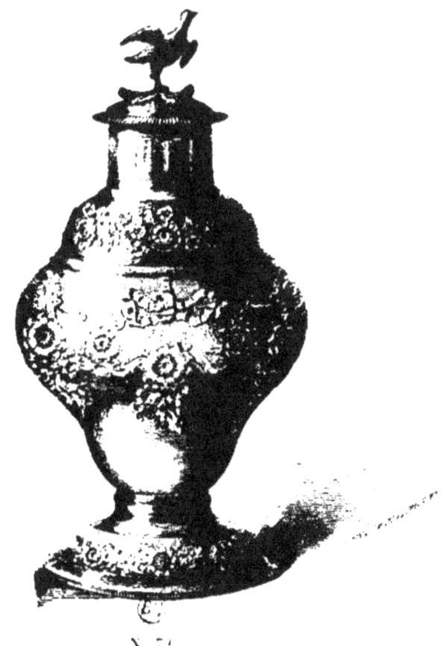

N° 74

74 — Bougeoir à main avec plateau à contours bordé de moulures et de coquilles dont trois forment pieds. Le manche composé d'entrelacs rocaille est repercé à jour. Travail italien ? XVIII° siècle.

Long., 240 millim.: diam., 120 millim

9 782329 551258